Les Mots de la Vie

LES PETITS MOTS

Lydia MONTIGNY

LES PETITS MOTS

© 2019 Lydia Montigny

Éditeur : BoD-Books on Demand
12-14 rond-point des Champs-Élysées, 75008 Paris
Impression : Books on Demand, Norderstedt, Allemagne

ISBN : 978-2-3221-8651-8
Dépôt légal : Octobre 2019

Livres précédents (BoD)

* *Dans le Vent (VII 2017)*
* *Ecrits en Amont (VIII 2017)*
* *Jeux de Mots (VIII 2017)*
* *Etoile de la Passion (VIII 2017)*
* *As de Cœur (XI 2017)*
* *Pensées Eparses et Parsemées (XI 2017)*
* *Le Sablier d'Or (XI 2017)*
* *Rêveries ou Vérités (I 2018)*
* *Couleurs de l'Infini (II 2018)*
* *Exquis Salmigondis (V 2018)*
* *Lettres Simples de l'être simple (VI 2018)*
* *A l'encre d'Or sur la Nuit (X 2018)*
* *A la Mer, à la Vie (XI 2018)*
* *Le Cœur en filigrane (XII 2018)*
* *Le Silence des Mots (III 2019)*
* *La Musique Mot à Mot (IV 2019)*
* *Les 5 éléments (V 2019)*
* *Univers et Poésies (VIII 2019)*

CES MOTS...

Ces mots,
Ces drôles de mots
Viennent prendre la parole
Portés par Eole...

Parfois, ils te collent
T'attachent et te tâchent
Sans que tu ne saches
Pourquoi ils t'affolent

Ils s'écrivent à l'école
En lettres, en symboles,
Puis s'en vont sans boussole
Faire des cabrioles,
Danser des farandoles
Sur des musiques folles...

.../...

.../...

Tu deviens leur idole
Et leur son t'enrôle
Heureux, tu t'envoles
Léger telle une barcarolle

La mémoire des phrases
Se fige dans l'extase
De l'encre de Chine
Comme une onde divine...

Alors avec ces mots
Ces doux mots,
Je t'écris ce concerto
...Sois son maestro....

Je compte sur le temps
Pour apprendre, aimer, comprendre

Je compte sur la Sagesse
Pour découvrir, aimer, partager

Je compte sur la Vie
Pour sourire, aimer, rire

Je compte sur l'écho
Pour t'aimer, t'aimer, t'aimer...

ODE

Pourquoi pas
Une vie dehors
Avec des étoiles en or
Des bateaux sans port
Des rêves sans décor

Pourquoi pas
Un jour sans douleur
Un chant en couleurs
Un vent de douceur
Un ciel de bonheur

Pourquoi pas
Des livres sans page
Des mers sans rivage
Des rues sans passage
Des rires pas sages

.../...

.../...

Pourquoi pas
Un peu de folie dans cette vie ?
Pas de "non", pas de "oui"
Juste une ode à la Vie

A construire des murs de Silence

Des chemins d'indifférence,

La Vie se vide de sens...

... Je pense...

CE MATIN LA...

Le soleil rosit
Le ciel de la nuit,
Le jour se leva ainsi...
Toi aussi...

Le café coula
Voluptueux arabica
Dans cette tasse-là.
Un peu d'ananas ?

Le merle a chanté
Dans la fraîche rosée,
Les fleurs parfumées
Fleurissent sa liberté

.../...

.../...

Bonjour ! Comment ça va ?
Il faut te réveiller,
C'est une belle journée !
Un sourire et voilà ! Le matin est là !....

La force d'un mot,
D'un seul,
Est dans la grandeur de son écriture,
Son inclinaison,
Son inclination
Dans le vécu de son auteur
Et de son lecteur...

ESPERAR

Tu connais
La glaciale meurtrissure
De l'absence pure,
Celle qui tétanise,
Décompose, tyrannise...

Tu connais
La brûlure de l'attente
L'impatience démente,
Celle qui bouillonne,
T'envahit, tourbillonne...

Tu connais
Le marbre apathique,
L'indifférence cynique,
Du temps exaspérant
Te figeant le sang...

                                          .../...

…/…

Tu connais
La fougue langoureuse
De l'attente fiévreuse,
Celle ô combien palpitante
Torride et ardente…

Tu connais
Ce chaud et ce froid
Ce vide absolu sans fin
Ce gigantesque rien
N'attends plus… Nous sommes là…

Comment te dire…

Dans l'1solence de ce 6lence
Dans tes yeux brillants de 1000 feux
Dans tes 2mains empoignant 2main
Dans les sens 1dé100 du temps
Dans les vœux 10vins que 2vine la Vie
Dans la beauté de ton sous-rire
Dans la douceur de ton sous-pire
Je ne peux rien dire…
Juste te l'écrire…

A la page 1
J'écris le nom
De ce livre un peu long
S'éloignant par ces chemins

A la page 2
Face à face, dans tes yeux
J'écris la vie
Comme une tendre folie

A la page 10
Les pages se colorent
La nuit s'évanouit
Irisant le décor

A la page 17
Ma plume perd la tête
L'encre devient le futur
D'un paysage pur

.../...

…/…

A la page 20
Ta main écrit le destin
Et j'imagine son chemin
Sur ce doux parchemin…

J'écrirai un poème lent

Que tu liras doucement…

Alors se prolongera l'instant

De nos regards se fixant…

Où est cette clef ?

Pour ouvrir cette porte,
Ce silence qui te porte,
Pour commercer ce jour
Innocent de toujours,
Pour refermer déjà
Le trésor sous tes pas...

Où est la clef ?

Est-ce la vie qui l'a volée ?

Elle est là, dans ton cœur
Accrochée au bonheur...

Toute de noir vêtue
Elle travaillait sans relâche
Du matin au soir venu
Se hâtant à sa tâche.

Combien d'efforts
Et moult encore
Avait-elle déployé
Sans se plaindre, jamais...

Parfois, elle s'écroulait
Mais toujours se relevait
Le regard plus haut,
Sa charge sur le dos...

Elle rêvait de devenir
Un papillon du Zéphyr,
Un oiseau enchanteur,
Un porte bonheur....

            .../...

.../...

Mais aucun de ces desseins
Ne valait le sien,
Alors elle s'en alla
Tel un onyx plein d'éclat,

Fière et forte dans son cœur,
Le courage dans les mains
Pour transformer Demain
Et l'offrir sans peur

Prenez garde en le croisant
Sans le voir ou presque
Ce petit être gigantesque…
Là, une minuscule fourmi vous saluant…

L'Avenir dit

" Vas"

Le Vertige dit

"Viens"

L'Hésitation dit....

"Rien"...

INVISIBLE

Elle cache dans ses poches
Des mouchoirs de mots,
Des poèmes sauvages
Venus d'un autre âge,
La carte d'un mirage,
Le dessin d'un visage

Elle cache sous un chapeau
Des idées cachalot,
D'immenses et douces peines,
Des rêves de sirène,
Des larmes de fontaine
Pour celui qu'elle aime

Elle cache dans le silence
Les pas que la vie danse,
Le souffle d'une présence,
Son amour sans défense…
Elle cache l'invisible
Magie irrésistible…

REFLETS

Il y a des châteaux, des trésors,

Des décors bleus et or

Il y a des rêves aux reflets

Immobiles sur l'eau glacée...

LETTRE A LETTRE

J'ai ouvert un livre d'images
Pour les enfants sans âge.
Il y a des animaux,
Des montagnes de mots
Et puis la lettre **M**
Parée comme une reine.

Là dans un poulailler
Sur la paille dorée
Voici la lettre **E**
Aussi belle un vœu.

Sur la page suivante
C'est le **R** qui chante !
Alors le **C** l'applaudit
Danse autour de lui,
Tourne les pages,
Et s'envolent les images...

                                                             .../...

…/…

A la dernière page
Attendait là, bien sage
La lettre de la fin,
Pas celle de cette Fin.
C'est le *i* de magie
Du soleil, ou d'un cri
C'est un **i** tout petit
Pour dire… ***MERCI***….

La poésie

Est une maison
Dont la porte n'est jamais fermée...

Tout le monde peut entrer, lire, écouter, partager, comprendre, et repartir avec...

Sa clef ? Quelle clef ?
Elle rime avec ... « Jamais »...

TENDRE ATTENTE

Attendre dans le matin
Que le soleil se lève enfin,
Pour ouvrir encore les yeux
Et les poser dans ton ciel bleu...

Attendre dans la rue
Au milieu de la foule inconnue,
Et partager la chance
De tes rires, de ta présence...

Attendre encore un peu
Retenir cet instant heureux,
Attendre et comprendre
Que demain sait attendre...

Si la Délicatesse

d'une phrase s'exprime

dans sa virgule,

alors les guillemets

deviennent les ailes

de son écrivain...

FAIRE UN PAS

Faire un pas
Pas les cent pas
Un petit pas
Pourquoi pas ?

Faire un pas en avant
Puis un pas en arrière
Comme si hier
Devenait maintenant

Faire un pas de côté
De géant effarouché
Ou juste un pas de deux
Pour être heureux

Faire un pas pour savoir
En sachant que connaître
Est un pas pour apprendre
Faire un pas et y croire

                                                   .../...

.../...

Faire un pas
Le premier pas
Pour marcher vers toi
Et suivre ton pas
D'un pas sage
Pas à pas
Nait ce pas
N'est-ce pas ?

Les diamants de l'Eternité

deviendront ces secondes

Que tu as apprivoisées

MOTS D'ETE

C'est l'été
Il pleut des rayons de mots
Sur le sable chaud,
Sur ma peau...

Je dessine sur la plage
Un grand livre d'images
Plein de rires d'enfants
Eclaboussant le temps,
Puis trace quelques mots,
Et puisqu'il fait trop chaud
Des lettres deci-delà
Que la mer effacera....

       .../...

…/…

C'est l'été, l'oisiveté,
Et pourtant les yeux fermés
A l'ombre des figuiers
J'écoute les cigales
Joyeuses estivales,
Mais ne cesse de penser
A cet hiver délicieux
Où je m'imaginerai
Que c'est encore l'été...

La Couleur de la tendresse
Se pose avec délicatesse
Comme ton regard qui lit et caresse
Ces mots irisés de sagesse...

VIVRE

Comme un grand parapluie
Fermé sous la pluie,
Ouvert dans la furie
Du vent qui l'étourdit...

Comme un soleil couchant
Qui ne dormira pas
La tête posée là
Sur un oreiller blanc...

Comme un livre sans fin
Une chanson sans refrain
Et un sourire divin
Me poursuivant au loin

Comme un regret d'antan
Courant après le temps,
Une rose du Sahara,
Le silence de ce froid....

                         .../...

…/…

Comme un éclat de rire
Venu pour adoucir
Les mots qu'on veut écrire
Pour te faire sourire

Il faut croire en la vie
Un peu, beaucoup, à la folie !...

Vivre
C'est naître
A chaque instant
Libre
C'est être
Maintenant

POURQUOI CE BATEAU ?

Ce matin là
Le soleil sur le lac
Dessina quelques mots
En brillant sur les flots.

Innocemment il naviguait,
Ignorant que se croisaient
Des histoires, des vies,
Des enfers blancs, des paradis.

D'où venons-nous ?
Où allons-nous ?
Nulle part ou partout...
Qu'importe c'est tout,
C'était ici le rendez-vous,
C'était écrit je ne sais où...

Sur le calme de l'eau
Voguait ce radeau,
Berçant âmes et rires,
Larmes et sourires,
Fendant l'onde sans bruit
Sans jamais la refermer derrière lui...

A la question du doute

Répondra un Peut-être…

Mais à l'accusation

Répondra la Raison

C'est la vie
Qui revit,
Survit
Si obvie...
Elle m'enivre
De son eau vive,
Me ravit,
Vire
Et me dévie,
Ravie...
Alors je prie
Souris, Ris,
Et survis
Pour la vie !
Vivons la Vie...!.

N'OUBLIE PAS

Je m'oublie
Dans la foule si jolie
Qui me bouscule et rit
Au soleil, à midi

Je m'oublie
Dans les couloirs de minuit
Où marchent sans bruit
Des pas indécis

Je m'oublie
Sans me perdre dans la vie
Puisque l'instant est poésie
Poésie que tu lis...

Il est honorable

de perdre

si

c'est pour se relever

plus fort...

Je gomme la lettre **A**
De l'alphabet des écrivains
De toutes les langues, du latin,
Du Toki pona, du grec ancien

Je retourne le **M**
Comme des vagues, un océan,
Une dentelle de fil blanc
Que l'on tisse patiemment

Je sculpte la lettre **O**
L'arrondis comme un anneau
Début d'un Tout, point zéro,
Il est parfait !... Presque trop beau !

Je verse dans la lettre **U**
Le nectar de ma vie
Des rires en pluies
Et des torrents de poésies

                                          .../...

…/…

Je dessine la lettre **R**
Comme un roi, comme Râ,
Ou un air d'opéra
Te prenant dans ses bras

Dans la lueur du jour
J'écris le mot Toujours
Avec mille étoiles autour
Et mes lettres d'AMOUR…

Il manque toujours un mot
Une lettre, un jour, un pas...

Il manque toujours un temps
Pour que tu sois toujours là...

L'ETRANGE...

L'étrange est fascinant
Surprenant, prenant...
Il est là tout à coup
Faisant fi de tout,
Te défiant en ce duel
Sidérant et cruel...

L'étrange est beau,
Irréel presque faux,
Se tenant devant toi
Impeccablement droit,
Et là où tu étais si sûr
Te voici face au mur
De ton hésitation,
Débordé d'émotions...

L'étrange est fantaisie
Réalité qui crie,
Enigme de l'incompris
Mystère de cette vie...
L'étrange interpelle
Sans logique universelle

        .../...

.../...

Et ta mémoire se déchaine
Sur la vérité certaine
D'avoir imaginé un instant
Un Hier dans ce Présent...

L'étrange restera mystérieux
Jusqu'au fond de nos yeux

INVAINCU

Si le vainqueur connait le bonheur,

Le vaincu connait son erreur,

et la revanche

n'en sera que plus belle !

PRENDRE UN AN

On pense toujours
Que c'est une question de temps
Tout simplement…

Petit, tu t'imaginais Grand
Tel un invincible géant,
Un gentil ouragan
Du haut de tes cinq ans…
Tu construisais des ponts
Des châteaux de sable blond,
Puis jouais au ballon
« Attrapant la balle au bond » !...

Mais comme le temps fond,
Disparait dans un rebond
Sans jamais, jamais attendre…
La vie ne peut se méprendre
Devant un cœur si tendre
Et il savait l'entendre…

                                                …/…

.../...

Plus tard, quand tu étais Grand
Tu regardais l'enfant
Que tu étais en endormant
Celui qui te ressemble tant.

Si le temps est impatient
Le présent est là, sagement
Dans son infime seconde...
Dans tes mains naît ce monde...

Et voilà qu'aujourd'hui
Courrait le bruit
Que tes vingt belles années
Seraient multipliées ?
Qu'importe ! Rester irrésistible,
Indestructible, sensible,
Entre mots et passions
Perfections et attentions,
Le temps ne passe plus
Dans cet espace absolu....

.../...

…/…

On pense toujours
Que c'est une question de temps,
Mais l'âge réellement
Est celui de tes rires… tout simplement…

Ne pas avoir le Temps

De tout faire

Ne signifie pas

Avoir le Temps

De ne Rien faire….

QUELQUES MOTS EN VIEUX FRANÇAIS

Un Rien me dérange
Un Rien m'incommode :
L'incivilité est à la mode
Le respect en exode...

Que l'on cesse sur le champ
De tympaniser en tâchant
De détorquer maux et faits
A quelque âme adonisée,
Empreinte de tristimanie
Ou d'un languide ennui...

Voyez comme elle végétaille
Fuyant les canailles
Et leurs flagorneries !
Jarnicoton ! Comment
La sauvagerie en muguetant
La sournoiserie peut-elle lénifier
La douleur édifiée ?

                                                        .../...

…/…

Je m'en retourne de ce pas
M'étendre sous mes draps
Et blézimarder le sommeil
Jusqu'à demain… Le soleil
Alors viendra, rond et doré
Et lentement je pandiculerai…

Là où les mots sont absents
Le silence dit tout,
Même l'écho se repent
De bégayer partout...

Là où le silence est blanc
J'écris sous ton regard
L'infini d'une histoire
Que tu lis silencieusement...

LA CHEMISE BLANCHE

Sur la plage s'endort
Un grand soleil d'or
Et les vagues viennent encore
Danser sur mon corps

Sur les vagues qui viennent
Mes mains te retiennent
Pour que se souvienne
Ma peau contre la tienne

Tu marchais dans la brise
Et ta blanche chemise
Flottait, sagement exquise...
Tu souriais à la vie permise

…/…

…/…

Sur ta chemise blanche
Mes rêves s'épanchent,
C'est la vie qui l'a mise
Pour que mon cœur ne se brise…

TOUT BOUGE...

Tout bouge...
Les formes informes
Hors normes
Se déforment, se reforment,
Et s'endorment...

Les lumières extraordinaires
Des clairières
Baignent leur lisière
Parfumée de bruyère...

Les mouvements coulent
S'enroulent,
Roulent dans la foule
Qui doucement s'écoule...

.../...

…/…

Les ombres ambre sombrent
Sans nom, sans nombre,
Dans la pénombre
Sans encombre…

La statue de vent
S'est débattue dans le temps,
S'est tordue, nue,
Distordue, elle a disparu…

Les mots n'ont pas d'âge…

Ils sont la quintessence
De notre instant présent

Ton esprit se surprend
A composer une phrase

Tes yeux lisent leur empreinte sur la page
Ou tu entends leur musique
Sur des notes éternelles

Les mots sont là quand tu es là….

LES LIGNES

Les lignes dégoulinent
Parfois longues et fines
Ou bien suaves et sauvages...
Elles ont brisé la cage
Des marges et des pages,
Et ne sont plus otage
D'un insensé adage
Quand la vie la ravage...

Les lignes se trémoussent
Se tortillent et se poussent,
Se croisent en double page,
Encerclent les images,
Alignent tant de mots
Du plus drôle au plus beau,
Mais jamais elles ne fondent
Sous la gomme furibonde...

.../...

.../...

Les lignes partent du soleil
En rayon de merveilles,
Ricochent en mille bonds
Sur les pages que nous griffons
D'une flèche, tel Cupidon !
Les lignes en disent long
Gracieuses dans ta main
Caressant l'horizon de... demain...

Qui est "Tu" ?

"Tu" est Toi,

Et personne d'autre...

"Tu" es Toi

Et pas moi

Mais quelqu'un...

LA SAGESSE ABSOLUE

La sagesse absolue
Est celle que tu regardes
Que tu comprends et gardes
Comme un secret intime
Aussi fragile qu'infime,
Bouleversant, renversant,
Se mêlant à ton sang...

La sagesse te sourit,
Te happe dans son silence,
Dans le battement d'ailes
D'un papillon du ciel,
Elle est ce gazouillis
Flottant dans le présent,
L'éclat de mon regard
Comme un trésor caché
Qui s'ouvre en te voyant

.../...

…/…

La sagesse absolue
C'est un brin de folie
Venu du paradis,
Et une guérison
De profonde blessure,
Mais je ne veux guérir
Que dans ton regard pur…

LA POESIE

Je n'ai pas de place,
Ici ou en face,
Sage ou pleine d'audace
Je pose des mots fugaces
Brûlants ou de glace
Et tu aimes qu'ils t'agacent...

Je tourne, me déplace
Tu te retournes et m'enlaces
Mais je n'ai pas de place...

Pas besoin de palace
Pour écrire une dédicace,
Il me suffit d'un espace
Pour que j'embrasse
La douce surface
Où ton regard passe...

.../...

…/…

Je n'ai pas de place
Que celle où je passe
Et il me reste l'espace
Où je pose un mot, une trace,
La poésie nous embrase….

Sur la dentelle de mes rêves

Tu poses doucement tes lèvres

Et le baiser que tu as laissé

Reste le sourire de cette nuit étoilée...

SCRABBLE

Tu écris la raison
Je place la passion

Tu joues le diapason
J'ajoute le frisson

Tu composes l'humour
Et j'y croise l'amour

Tu as posé bonheur
J'ai choisi ton cœur

Tu as gagné ma Vie
Ma pensée d'aujourd'hui...

LA VIE EN COULEURS

Elle regarde vers demain
Dans le ciel si lointain
.....Vert.....
Et elle ignore pourquoi
Il ne dormira pas

Elle regarde le reflet
Dans le lac argenté
.....Bleu....
Et l'ombre de sa mémoire
S'envole dans le soir

Elle regarde le miroir
Sourit à son espoir
.....Blanc.....
La vie lui dit de croire
Demain est son histoire...

Quelle noblesse d'art

que d'être un simple

MOT

et de porter toute son histoire

jusqu'à Demain...

LE TEMPS DE LA REALITE

On met le temps à tous les temps :
Simple ou composé
Antérieur ou imparfait
Plus que parfait ou présent
Futur ou subjonctif
Conditionnel et tant impératif !...

Mais les éléments se modifient
Evoluent, se défient, se rectifient,
Pendant que passe le temps
Inflexible, intransigeant,
Que devient la réalité
Pure et simple de vérité ?

PAGE BLANCHE

Sur ma page blanche
Le savoir se penche,
L'ignorance le dérange,
Il s'incline, recommence...

Alors tout se mélange,
Une ligne danse
Invitant la chance
Dans sa belle cadence
Piétine la transparence
De l'encre en déchéance....

Je reste sans défense
Sans un mot de vengeance
Sans aucune impatience
Je regarde cette page blanche
Dans sa simple élégance
Où se posent ces mots étranges...

Quelle est cette incroyable émotion

Que celle de se sentir

si grand

Sur le sommet d'une montagne

Et si petit

par humilité ?

SI

Si tu étais un évènement
Tu serais le premier jour
Et le dernier de cet amour
Au-delà du temps

Si tu étais un élément
Tu serais le feu
Chaleureux, généreux, radieux
Simplement étincelant

Si tu étais un roman
Tu serais l'écrivain
Suivant l'encre de son destin,
Irrésistible et captivant

…/…

…/…

Si tu étais un sentiment
Tu serais mon vœu
Ma vérité, ma vie, mon aveu
L'invisible visible, tendrement

Si tu étais imaginaire
Je serais ton air
Pour prendre ta forme enfin
Et ne jamais lâcher ta main….